おとうさんの愛は
おかあさんの愛は
あなたの命を守ることです

いのち　たいせつに

学校を小さな勉強部屋にたとえてみよう。
あなたは今、そこで社会という
とてつもなく大きな世界に羽ばたくために
必要（ひつよう）なことを学んでいる。
そして、そのとてつもなく大きな世界が
あなたを必要（ひつよう）としているのだ。
そこでは、多くの新しいお友だちが待（ま）っている。
たくさんの楽しいことも待（ま）っている。
だから今、小さな勉強部屋で起（お）こっていることで
いのちを絶（た）ってはいけない。
そこは、全（すべ）ての出発点（しゅっぱつてん）にすぎないのだから。

※　今、死にたいほどなやんでいる人は
　　ゆめ１６〜ゆめ１９を先に読んでほしい。

もくじ

《 はじめに　ゆめ1 》

1. わたしの言うことをよく聞いてほしい ……………………………………… 5

《 思いやりの心　ゆめ 2〜15 》

2. お友だちにやさしさをあげると必（かなら）ずおまえにも ……………… 6
3. いつも笑顔（えがお）をわすれないでほしい ……………………………… 8
4. お友だちの心を開（ひら）くきっかけは、明るく元気な笑顔（えがお）とあいさつじゃ ……… 10
5. お友だちの悪（わる）いところを見つけるよりも ……………………… 12
6. いつも感謝（かんしゃ）の気（き）持（も）ちをわすれないでほしい ………… 14
7. お友だちから信頼（しんらい）されるには ……………………………… 16
8. お友だちとの約束（やくそく）は、どんな小さな約束（やくそく）でも ……… 18
9. もしもおまえがまちがっていたときには ………………………………… 20
10. おまえがお友だちからされていやなこと ……………………………… 22
11. お友だちにうれしいことがあったら ……………………………………… 24
12. お友だちがこまっているときはどんなささいなことでも ……………… 26
13. お友だちにはなしを聞いてもらうよりも ………………………………… 28
14. どんなときもおまえがお友だちからやってほしいと思（おも）うことを ……… 30
15. お友だちをつくることがにがてな人もいるが実（じつ）は ……………… 32

《 今、悩んでいるあなたへ　ゆめ 16〜19 》

16. もしも今、いじめに会（し）って死（し）にたいと思（おも）っている人がいたら ……… 34
17. きもいとか、うざいとかの言葉（ことば）の暴力（ぼうりょく）で死（し）にたいと思（おも）っている人 ……… 36
18. もし今、いじめられて死（し）にたいと思（おも）っているが親（おや）には心配（しんぱい）かけるから ……… 38
19. もし今、いじめで死（し）にたいほど苦（くる）しんでいる人がいたら ……… 40

《 付録（ふろく） 》　相談（そうだん）ダイヤル（無料（むりょう）ダイヤル含（ふく）む）

文科省（もんかしょう）２４時間いじめ相談（そうだん）ダイヤル(全国統一（ぜんこくとういつ）電話番号) ……… 42

チャイルドライン（全国版電話番号（ぜんこくばん）） ……………………… 43

子どもの人権（じんけん）１１０番(全国共通（ぜんこくきょうつう）フリーダイヤル無料（むりょう）) ……… 51

いのちの電話（全国版（ぜんこくばん）電話番号）こども〜大人まで ………… 55

少年相談（そうだん）ヤングテレホン（全国版（ぜんこくばん）電話番号） ……… 60

ある日、公園で、はるるという女の子が一人でなやんでいました。そしてはるるは「どうしてもっとみんな、仲よくできないんだろう。お友だちと仲よくするにはどうすればいいんだろう。どうしてこんなにいじめが多いんだろう」と公園の道ばたにある、おじぞうさまの前ですわりこんでいました。

〜 はじめに　ゆめ１ 〜

その日の夜、はるるは、ゆめを見ました。そのゆめのなかにあの公園のおじぞうさまがあらわれて教えてくれたのです。

「なあ、はるるよ。わたしの言うことを、よく聞いてほしいのじゃ。お友だちと仲よしになるには、そしてお友だちをふやすには、また、お友だちとずっといつまでも仲よく付き合っていくには、どうすればよいか。そして、いじめをなくすにはどうすればよいか。それは決してむずかしいことではない。お友だちに対する思いやりの心と、少しの勇気を持つことじゃ。良いことをするには、少しの勇気がほしいのじゃ。はるるならできる。これから、おまえがゆめをみるたびに、いろいろな、じぞうが現れてどうしたらよいかを一つずつ教えていく。これを実行していけば、きっと一人ずつお友だちがふえていく。そして、お友だちの輪が少しずつ広がっていく。そして、いずれ、みんなと仲よしになれる。ぜひ、やってみてほしいんじゃ。そして、おまえがここで学んだことはこれから生きていく上で、ずっと役にたつはずじゃ。さあ、今からすぐに始めてみようか」

～ 思いやりの心　ゆめ2 ～

はるるは、ある日また、ゆめをみました。すると、ちがうおじぞうさまがあらわれて、やはり教えてくれました。

「なあ、はるるよ、お友だちにやさしさをあげると必ずおまえにもやさしさが返ってくる。だから、はるるから先にお友だちにやさしさをあげてほしいんじゃ。やさしくしてあげるには、お友だちの苦しいこと、悲しいこと、うれしいことを、お友だちの身になって考えてあげる気持ちが大切で、これが思いやりの心なんじゃ。けっしてむずかしいことではない。やさしいことばを一言かけてあげるだけでいいんじゃ。例えば、お友だちがおなかをこわして、おそうじがつらそうなときに『だいじょうぶ？　むりしないでね！』という、この一言なんじゃよ。
こういうときのやさしいことばは、わすれられないものじゃ。はるるに心から感謝してくれるお友だちが一人ふえるんじゃ」

次の日、はるるは、お友だちがかぜをひいて本当につらそうだったので「だいじょうぶ？ いっしょに帰ろう！」と声をかけてあげました。そうすると、お友だちは本当にうれしそうに「うん、ありがとう！」と喜んでくれたのでした。はるるは、不思議に自分もあたたかな気持ちになれたのでした。

そして、それからというものは、そのお友だちはいろいろと、はるるにやさしく気を使ってくれるようになったのでした。仲よしのお友だちが一人ふえたのです。ほんのささいなことでもお友だちの身になって考えてあげる、思いやりの心が大切だということが分かりました。はるるは、うれしくてたまりませんでした。

～ 思いやりの心　ゆめ３ ～

はるるは、ある日また、ゆめをみました。すると、おじぞうさまがあらわれて、やはり教えてくれました。

「なあ、はるるよ、いつも笑顔をわすれないでほしい。笑顔は不思議に相手にうつるんじゃ。おまえがお友だちに笑顔で話しかければ多くのお友だちが笑顔でこたえてくれる。だからおまえの明るい笑顔はじょじょにまわりを明るくしていく。そしてお友だちとのかべも取りのぞいてくれる。そして自分も幸せな気分になれる。いつもにこにこ明るいお友だちのまわりには、お友だちがたくさん集まってくるはずじゃ。いつも相手に対し用心し、身がまえていては決してお友だちはできんのじゃ。笑顔はおまえが相手に好意を持っているという合図であり、気持ちよく受け入れようとする心の表れであり、それは思いやりの心なんじゃ」

はるるは、自分の笑顔には自信がなかったので、毎朝鏡に向かってにこっと笑って笑顔のチェックをしてから出かけてみました。すると不思議に自分の心もときほぐされて、おだやかになるのが分かりました。笑顔は相手の心をときほぐすだけではなかったのです。「最近、はるるは明るくなったね」と話しかけてくれるお友だちも多くなりました。自分からいつも笑顔を心がけて明るく変わっていけば、必ずまわりも変わってくるということが分かりました。はるるはこれからもお友だちと会うときは、いつも笑顔をたやさないように心がけようと思いました。

〜 思いやりの心　ゆめ4 〜

はるるは、ある日また、ゆめをみました。すると、おじぞうさまがあらわれて、やはり教えてくれました。

「はるるよ、お友だちの心を開くきっかけは、明るく元気なあいさつじゃ。そして、名前を知っている人であれば、相手の名前もよんであげることじゃ。例えば『たかし君おはよう』『たかし君こんにちは』『たかし君さようなら』という風にな。笑顔で元気にあいさつをされると本当に気持ちよく、心があたたかくなる。いつでも次の会話のきっかけがつくれるんじゃ。初めて会った人のときには、なおのことじゃ。あいさつをされておこる人はだれもおらん。会ってもあいさつをしないと、実はいつのまにかお友だちとの間に、かべができてしまうのじゃ。どんなときでも、はるるから先にあいさつをすればお友だちも少しずつ心を開いてくれるはずじゃ」

はるるは、次の日の朝、それまではあまりあいさつなどしなかったお友だちに、元気よく笑顔で「直ちゃん、おはよう」とあいさつをしました。そうしたら本当にうれしそうに「おはよう」と、はるるにあいさつを返してくれたのでした。さらにおどろいたことに次の日から、そのお友だちの方から元気にあいさつをしてくれるようになったのです。そして、あいさつだけでなくおはなしをするきっかけもできたのです。はるるは、これからはできるだけ、自分から進んで元気よくあいさつをしていこうと思ったのでした。

～ 思いやりの心　ゆめ5 ～

はるるは、ある日また、ゆめをみました。すると、おじぞうさまがあらわれて、やはり教えてくれました。

「はるるよ、お友だちの悪いところを見つけるよりも、良いところを見つけて、ほめてあげてほしいんじゃ。どんな人でも必ず、良いところや得意なものがあるはずじゃ。そして、ほめられたときのあの気持ちは本当にうれしいものじゃ。ほめられておこる人はだれもおらん。相手をとがめることからは何も生まれん。何でもいいんじゃ。例えばお友だちが絵をじょうずにかけたとき『うまいねえ！』、『すごいねえ！』その一言をかけてほめてあげることなんじゃ。これもお友だちにやさしさをあげる思いやりの心なんじゃ。いくらお友だちをほめても、おまえが失うものは、何もない。それどころか、おまえは、お友だちという大切な人を一人、ふやすことができるんじゃ」

次の日、はるるは、図工の時間に、お友だちがじょうずに工作ができたので「すごいねえ！」とほめてあげました。すると、お友だちも本当にうれしそうに「ありがとう」と喜んでくれたのでした。それいらい、そのお友だちは、はるるにとてもやさしくしてくれるようになったのです。はるるは、お友だちのうれしそうな顔をみると、自分もうれしくなりました。これからはできるだけ、お友だちの良いところを見つけてほめてあげようと思うのでした。

～ 思いやりの心　ゆめ6 ～

はるるは、ある日また、ゆめをみました。すると、おじぞうさまがあらわれて、やはり教えてくれました。

「はるるよ、いつも感謝の気持ちをわすれないでほしいんじゃ。この感謝の気持ちから思いやりの心が生まれ、こころから『ありがとう』と言うことばが自然にでてくるんじゃ。そして、そのことば一つでお付き合いが本当にあたたかいものになる。何かをしてもらったときに『ありがとう』とお礼を言うのはもちろん、お友だちとおはなしをするときにも、いつも心の中で『ありがとう』と言いながら向き合ってみてほしいんじゃ。不思議なことじゃが、お友だちとおはなしをするときに、心の中で『ありがとう』と言いながら相手の目を見て向き合うだけで、相手はおまえが好意をいだいていることを感じ取ってしまうんじゃ。
反対に、心の中で『いやなやつ』と思いながら相手の目を見て向き合うと、相手もおまえをいやなやつだと感じる。だから仲よしになりたいと思ったら、はなしをするときに相手の目を見て心の中で『ありがとう』と言いながらはなし始めてみてほしいんじゃ」

次の日、はるるは、心のなかで「ありがとう」と言いながら、お友だちに話しかけてみました。すると、お友だちに対してあきらかに自分の眼ざしが、おだやかに変わっているのが自分でもはっきりと分かりました。ほんとうにおどろいたことは、お友だちの目をまっすぐに見て話すことができるようになったことで、それに対するお友だちの表情も、あきらかにちがってきたことでした。そして、この感謝の気持ちによって思いやりの心が生まれ、この思いやりの心が相手の心を動かし、お友だちの輪を広げていくということが分かったのでした。

~ 思いやりの心　ゆめ7 ~

はるるは、ある日また、ゆめをみました。すると、おじぞうさまがあらわれて、やはり教えてくれました。

「はるるよ、お友だちから信頼されるには、いざというときに、だめなものはだめと、おまえが正しいと思った意見をはっきりと言える勇気をもつことじゃ。それがお友だちのためであれば、それこそ本当の思いやりの心といえるのじゃ。また例えば、お友だちがみんなの前で自分の意見をはっきりと言っているとき、そのすがたを見て、はるるはきっと感心するじゃろう。おまえが意見を言っているときも、同じなんじゃ。おまえが何を考えているか分からなければ、お友だちも、どうおまえと付き合ったらよいか分からないのじゃ。話し方はどんなにへたでもかまわん。自分の言葉で、はっきりと言うことじゃ。一部の心ない人たちの反発はあるかもしれん。しかし、気にすることはない。何も言わなくとも、見ていたまわりの多くの人たちの、はるるへのあつい信頼が必ず芽ばえてくる」

はるるは、次のどうとくの時間に、それまで発言したことなどなかったのですが、思い切っていじめをなくすための意見を、つまずきながらも、しかし、堂々と自分の言葉で発言したのでした。そのあと、お友だちから「はるるは勇気があるね」とほめられましたが、はるるも自分の正しいと思っていることを、はっきりと言えたことで大変まんぞくでした。これからも、自分が何を考えているかをみんなに知ってもらうためには、へたでもいいから自分のことばで、勇気をもって、発言していかなくてはと改めて思うのでした。そして、そのことが、今回ほめてくれたお友だちのように、本当に自分を信頼してくれるお友だちをふやしていくことになるということが分かったのでした。

～ 思いやりの心　ゆめ8 ～

はるるは、ある日また、ゆめをみました。すると、おじぞうさまがあらわれて、やはり教えてくれました。

「はるるよ、お友だちとの約束は、どんな小さな約束でも必ず守ってほしいんじゃ。信頼は小さな約束を守ることの積み重ねで成り立っている。ところが、小さな約束ほど守られていないことが多い。もし、はるるが小さな約束であってもお友だちにそれをやぶられたら、おまえの心のきずはいつまでも消えないはずじゃ。反対に、おまえが約束をやぶった場合も同じなんじゃ。お友だちとのそれまでの信頼関係はいっぺんにふき飛んでしまい、おまえはお友だちにとって信用のない人間になってしまうんじゃ。小さな約束でも、絶対に守るというその気持ちは大きな信頼につながり、それはお友だちに対する思いやりの心でもあるんじゃ」

はるるは、お友だちどうしでおたがいに本の貸し借りをすることがありました。もちろん返してもらう日を決めて貸すのですが、決められた日に返ってくることはほとんどありませんでした。はるるも同じで、なかなか約束を守ることができませんでした。そんなある日、転校してきたお友だちに、5日間という約束で本を貸してあげました。でも、そのお友だちは約束の前の日に、かぜをこじらせてとてもつらそうでした。5日目にはとうとう学校を休んでしまったのです。そんな中、はるるも本のことなどすっかりわすれていたのでした。ところが、学校が終わって帰るとき、門のところで本を貸したお友だちのお母さんが、はるるを待っていてくれたのです。そして「きょう返す約束だから絶対に渡してほしい」とたのまれたというのです。そしてお友だちは今、熱が下がらず家で苦しんでねているとのことでした。はるるは、なみだが出るほどうれしく思いました。このお友だちは約束の大切さを教えてくれたのです。このお友だちは本当に信用できると思ったのでした。そしてずっとお友だちでいたいと思いました。

～ 思いやりの心　ゆめ9 ～

はるるは、ある日また、ゆめをみました。すると、おじぞうさまがあらわれて、やはり教えてくれました。

「なあ、はるるよ、もしもおまえがまちがっていたときには、お友だちにきちんとあやまる勇気をもってほしいんじゃ。おまえが大切なお友だちを失うか、今まで以上に信頼されるかの分かれ道じゃ。自分のまちがいをみとめるということは、大切なお友だちへの思いやりなんじゃ。おまえもお友だちがみんなの前で『ごめんね、わたしが悪かったの』と、あやまっているのを見たことがあると思うが、まわりの人の気持ちも本当にあたたかくなる。そして、あやまられたお友だちよりも、みんなの前ではっきりとあやまることのできたお友だちのほうが、すごいと思うじゃろう。そういうことなんじゃ」

ある日の朝、お友だちの広ちゃんが、みんなにせめられていました。原因は、前の日のおそうじの後、ちりとりがひとつかたづけられていなかったことでした。実は、広ちゃんとはるるとほか二人でおそうじを終えた後、はるるが使ってかたづけるのをわすれていたものでした。はるるは勇気を出してみんなに「それ私がわすれたの。ごめんね」とあやまりました。そして広ちゃんにも、「本当にごめんね」とあやまりました。そうしたらみんな「なあんだ、はるるかよ。広ちゃんごめん」と、こんどは広ちゃんにあやまりました。後からお友だちは、はるるを「すごい、勇気あるねえ」とほめてくれたのです。でも、はるるは自分のミスによって広ちゃんが、どんなにつらい思いをしたかを考えると、本当に申しわけなく思うのでした。

～ 思いやりの心　ゆめ１０ ～

はるるは、ある日また、ゆめをみました。すると、おじぞうさまがあらわれて、やはり教えてくれました。

「なあ、はるるよ、おまえがお友だちからされていやなこと、いやな言葉は、お友だちも同じようにいやなんじゃ。絶対にやってはいかんし、言ってもいかん。いつでも、どんなことでもお友だちの身になって考えてほしいんじゃ。お友だちの身になって考えたときに、自分もいやだと思ったらすぐに止めるべきじゃ。そして、もし言ってしまったら、あやまる勇気を持ってほしいんじゃ。おまえたちがふだん使っている言葉や行っていることが、お友だちを死に追いこむことだってあるということをわすれちゃいかんよ」

次の日、いつものように放課後、お友だち5人で遊び終えた後、はるるたちは飲み物がほしくなりました。買ってくる役目はいつも広ちゃんに決まっていました。でもはるるは、もし、自分が広ちゃんの立場だったら、絶対にいやだろうなと考えて、自分で買ってきたのでした。広ちゃんは何にも言わないけれど、はるるの思いやりが本当にうれしそうでした。

また、はるるは少し前に、別のお友だちにいやなことを言ったのを思い出し、勇気をもってそのお友だちに「あのときは、ごめんね」とあやまりました。そうしたら、そのお友だちも本当にうれしそうにゆるしてくれました。その時から、そのお友だちとは前よりも仲よしになれたのでした。

~ 思いやりの心　ゆめ１１ ~

はるるは、ある日また、ゆめをみました。すると、おじぞうさまがあらわれて、やはり教えてくれました。

「なあ、はるるよ、お友だちにうれしいことがあったら、どんなにささいなことでもいい。お友だちのためにいっしょになって心から喜んであげてほしいんじゃ。おまえも何かうれしいことがあったとき、お友だちにいっしょになって喜んでもらえたら本当にうれしいじゃろう。どんなことでもいいんじゃ。例えばお友だちのたん生日が来たら『おたん生日おめでとう！』と心からお祝いのことばをかけてあげるだけでいいんじゃ。大切なのは、お友だちの喜びを自分の喜びとして、いっしょになって喜んであげることで、これもやさしい思いやりの心なんじゃ」

次の日、はるるは、お友だちが宿題のことで先生にほめられたときに「よかったねえ！」といっしょになって喜んであげました。お友だちは「ありがとう」と本当にうれしそうでした。うれしそうにお礼を言ってくれるお友だちを見て、また、はるるもうれしくなり、本当に自分の心もあたたかくなるのが分かりました。それいらい、そのお友だちの、はるるに対するたいどはそれまでとちがい、本当にやさしくなったのでした。はるるはお友だちの喜びを自分の喜びとして、いっしょに喜んであげるだけでも、もっと仲よしになれるということが分かったのでした。

～ 思いやりの心　ゆめ１２ ～

はるるは、ある日また、ゆめをみました。すると、ちがうおじぞうさまがあらわれて、やはり教えてくれました。

「なあ、はるるよ、お友だちがこまっているときは、どんなにささいなことでも気持ちよく助けてあげてほしいんじゃ。助けがほしいときに助けてもらえると、本当にうれしいものじゃ。こういうときの感謝の気持ちは、決してわすれられん。そして次に、はるるがこまったときには必ず助けてもらえるはずじゃ。ここで大切なことは、どんなときにもおまえから先にお友だちを助けてあげようとする、思いやりの気持ちを持ってほしいことなんじゃ。助けてもらうことだけを望んでいたのでは、決してお友だちはできないのじゃ」

次の日、間もなく期末試験が始まるというのに、はるるのお友だちがかぜをこじらせて入院してしまいました。お見舞いに行くと、「もう少しで試験なのにどうしよう」と、お友だちは大変落ち込んでいました。はるるはそんなお友だちを見てかわいそうになり、自分にできることでなんとか助けてあげたいと思い、授業のノートと先生から渡された資料を病院まで持っていってあげました。お友だちは本当にうれしそうでした。その後、間もなくお友だちも退院し、試験にも間に合い、成績も良かったのです。お友だちは、改めてお母さんと一緒に家まで来てくれて、本当にはるるに感謝してくれたのでした。それからというもの、そのお友だちは、はるるが困ったときはいつでも助けてくれるのです。はるるは、お友だちが困っているときにこそ、気持ちよく助けてあげることが大切で、そうすれば必ず今までのお友だちとはもっと仲よくなれるし、新しいお友だちもふやすことができると強く思ったのでした。

～ 思い(おも)やりの心　ゆめ１３ ～

はるるは、ある日また、ゆめをみました。すると、おじぞうさまがあらわれて、やはり教えてくれました。

「なあ、はるるよ、お友だちにはなしを聞いてもらうよりも、はなしをよく聞いてあげることが大切(たいせつ)なんじゃ。聞きじょうずになることなんじゃよ。多くを話さなくてもいい。だまってうなずいて、お友だちのはなしを、しずかに聞いてあげることじゃ。例(たと)えば『そうだね』『なるほど』『それで？』これでいいんじゃ。よく聞いてあげる人は、お友だちにとって最大(さいだい)の理解者(りかいしゃ)であり、たよりになる人なんじゃ」

何日かたったある日、お友だちが仲間はずれのことでなやんでいました。いつものはるるでしたら、相手のことを考えないで、自分の意見ばかりはなしていましたが、今回はだまってうなずいてお友だちのはなしをしずかに聞いてあげました。そうしたら、お友だちは「聞いてもらって楽になった。ありがとう」とうれしそうに言うのでした。そしてもちろん、はるるはそのことを無記名のいじめアンケートで先生に対応してもらい、その後、お友だちに対するいじめはなくなったのでした。それいらい、そのお友だちは、はるるをたよりにするようになったのです。そして、はるるは改めて、これからもお友だちのはなしをよく聞いてあげようと思うのでした。

～ 思いやりの心　ゆめ１４ ～

はるるは、ある日また、ゆめをみました。すると、おじぞうさまがあらわれて、やはり教えてくれました。

「はるるよ、おまえがお友だちからやってほしいと思うことを、お友だちにやってあげてほしいんじゃ。何かをやってもらうことだけを望んでいては、けっしてお友だちはできんのじゃ。どんなささいなことでもいい。例えば雨がふってきたら『いっしょにどうぞ！』とかさに入れてあげるだけでもいいんじゃ。もし自分がかさを持っていなかったら、お友だちにどうしてもらいたいかを考えて、そのことをお友だちにしてあげればいいんじゃ。これが思いやりの心なんじゃ。はるるに感謝してくれるお友だちがまた一人ふえるんじゃよ」

次の日、お友だちが学校に行くとちゅう、すべって手にすりきずをつくって、つらそうにしていました。はるるは今までだったら、あまり話したことのないお友だちだと、そのまま通りすぎていましたが、今回は自転車をおりて「だいじょうぶ？」と自分のハンカチをきずぐちにまいてあげました。お友だちは「ありがとう」と本当にうれしそうでした。良いことをしてあげたことで自分もあたたかい心をもらえるということも知りました。それだけではありません。その後、そのお友だちは、はるるに本当にやさしくしてくれるようになりました。新しいお友だちが一人できたのです。はるるは、それまでお友だちに何かをやってもらうことだけを望んでいたことを反省するのでした。

〜 思いやりの心　ゆめ１５ 〜

はるるは、ある日また、ゆめをみました。すると、おじぞうさまがあらわれて、やはり教えてくれました。

「なあ、はるるよ、お友だちをつくることがにがてな人もいるが、実は、その人こそ一番お友だちをほしがっているんじゃ。勇気をもって、はるるから先にお友だちになってあげてほしいんじゃ。そのためには、どんなささいなことでもいいから、ことばをかけてあげることじゃ。だれかにやさしいことばをかけてもらえるとうれしいもんじゃ。例えば『元気がないけど、どうしたの？』その一言なんじゃよ。そうしたはるるの思いやりの心と勇気が、おまえをたよりにしてくれる人を一人ずつふやしていくんじゃ。そしてお友だちの輪を少しずつ広げていくんじゃ」

次の日、はるるは一人でいることが多い、引っ込みじあんの智ちゃんに、思い切って「智ちゃん、元気ないよ。だいじょうぶ？」とことばをかけてあげました。そうすると、智ちゃんはだまって、でも、うれしそうにうなずきました。その後しだいに智ちゃんは、はるるに話しかけてくることが多くなり、初めて心を開いてくれたのです。はるるは、やさしいことばをかけてもらったときのうれしい気持ちはだれでも同じで、これからもお友だちをつくることがにがてな人には進んで自分から声をかけてあげようと思うのでした。

～ 今、悩んでいるあなたへ　ゆめ１６ ～

はるるは、ある日また、ゆめをみました。すると、おじぞうさまがあらわれて、やはり教えてくれました。

「もしも今、いじめに会って死にたいと思っている人がいたら聞いてほしいのじゃが、世の中、敵千人、味方千人じゃ。今はあなたの周りに敵が少し多いだけじゃ。負けてはいかん。あなたの味方も千人いることをわすれちゃいかん。あなたが死んだら、泣く人がたくさんいることをわすれちゃいかん。この先、あなたの人生の中で周りの人もどんどん入れかわっていく。今の状態がずっと続くことは絶対にない。ひとりで苦しんではいかん。はなしを聞いてもらう勇気をもつことじゃ。あなたが話しやすいところからでいい。名前は言う必要はないから、うしろに、あなたの気持ちを本気で分かってくれる相談ダイヤルをのせてあるから、気軽に話してほしいんじゃ。（51ページ子ども人権110番の全国共通フリーダイヤルは無料）そして次に、身近な人で相談しやすい人からでいい。
先生、お友だち、そして必ず親には話してほしいんじゃ。絶対に助けてくれる」

～ 今、悩んでいるあなたへ　ゆめ１７ ～

はるるは、ある日また、ゆめをみました。すると、おじぞうさまがあらわれて、やはり教えてくれました。

「きもいとか、うざいなどの言葉の暴力で死にたいと思っている人に聞いてほしいのじゃが、そういう言葉を使う人は、言葉の使い方を知らない心の貧しい人間なんじゃ。そんな言葉でしか自分の力を表現することができない、かわいそうな人間なんじゃ。そんな人間のために死ぬことはない！　むしろ、そんな言葉に傷ついて死まで考えているあなたは、人の痛みが分かるやさしい人なんじゃ。そういう人にこそ生きてほしいんじゃ。そして、いずれ同じなやみに苦しんでいる人を助けてほしいんじゃ」

～ 今、悩んでいるあなたへ　ゆめ１８ ～

はるるは、ある日また、ゆめをみました。すると、ちがうおじぞうさまがあらわれて、やはり教えてくれました。

「もし今、いじめられて死にたいと思っているが、親には心配かけられないから言えないと思っている人がいたら聞いてほしい。あなたは本当に親孝行でやさしい心を持っている人じゃ。だが、よく考えてほしい。あなたが死んだら親はその何千倍も何万倍も、できれば子どもに代わって死んでやりたいと思うほど悲しむのじゃ。それにくらべたら、あなたのなやみを聞いてあげるぐらい心配のうちに入らん。だから絶対に死んではいかん。親以外でも聞いてくれる人はいっぱいいる。はなしを聞いてもらう勇気を持つことじゃ。あなたが話しやすいところからでいい。名前は言う必要はないから、あなたの味方になって真剣に受け止めてくれる相談ダイヤルを、うしろにのせてあるので、ぜひ話してほしいのじゃ。そして、次に身近な人で相談しやすい人からでいい。先生、お友だち、そして最後は必ず親に話してほしいんじゃ。絶対に助けてくれる」

〜 今、悩んでいるあなたへ　ゆめ１９ 〜

はるるは、ある日また、ゆめをみました。すると、おじぞうさまがあらわれて、やはり教えてくれました。

「もし今、いじめで死にたいほど苦しんでいる人がいたら聞いてほしい。実は、今まで、あなたと同じようにいじめに苦しめられたお友だちはたくさんおるんじゃ。サーベイリサーチセンターの調べによると、43％のお友だちがいじめられたけいけんがあると答えている。いじめられたお友だちはみんなそれぞれに、いろいろなどん底をけいけんしている。しかし後になって共通してみんな思っていることは、『あのとき死ななくて良かった』ということじゃ。これからあなたの周りの人もどんどん入れ替わる。そして多くの新しいお友だちとたくさんの楽しいことが、あなたを待っている。そんなどん底がいつまでもずっと続くことは絶対にない。いじめる人間は善悪の判断のできない、人の痛みも理解できない、かわいそうな人間なんじゃ。いずれ反省することになる。そんな人間のために死ぬことはないし、どん底を感じる必要もない。あなたは自分にもっと、自信を持っていいんじゃ。はっきり言えることは、どん底を強く感じる人ほど、人間として本当に必要な、人の痛みが分かるやさしい心を持っている人なんじゃ。今、社会はそういう人を本当に必要としている。だから生きてほしいんじゃ。うしろにあなたの味方になって真剣に受け止めてくれる相談ダイヤルをのせてあるので、ぜひ話してほしいのじゃ」

文部科学省

24時間いじめ相談ダイヤル

全国どこからでも、夜間・休日を含めていつでもいじめ等のなやみをより簡単に相談することができるよう、全国統一の電話番号を設定。下記のダイヤルに電話すれば、原則として電話をかけた所在地の教育委員会の相談機関に接続されます。

0570-0-78310（なやみ言おう）

なお、PHS・IP電話の場合は、他の相談機関の電話番号にかけてください。

チャイルドライン

子どもと18才までの青少年がかけられる電話です
どんな話をしても大丈夫！

「チャイルドライン？ それってなに？」

　日本では、まだまだ聞きなれない呼び名かもしれませんね。発祥はヨーロッパです。言葉の意味は、子どもの声に耳を傾ける電話ということで、イギリスではチャイルドラインの電話番号を知らない子どもはいません。お説教はありませんし、あなたに何かを押し付けることはありません。みなさんのお話を聞いてあげたい、それがチャイルドラインなのです。日本においては、せたがやチャイルドラインから実施されました。家族のつながり、地域のつながり、お友だちとのつながり、ごくごく身近な人たちと上手くつながることが難しい今の子どもたちの環境で、たった一言からつながる、ほんのちょっとの居場所をつくって応援したいということから始まったのです。

北海道・東北エリア

北海道
チャイルドラインさっぽろ
チャイルドラインの電話：011-272-3756
やっている日：月・水よう16時～21時
問い合わせ先：011-272-3755

北海道
チャイルドラインはこだて
チャイルドラインの電話：0120-332-565
やっている日：木よう16時～20時
問い合わせ先：0138-40-0084

山形県
チャイルドラインつるおか
チャイルドラインの電話：0120-7-26266
やっている日：毎週火よう16時～21時
問い合わせ先：0235-25-3460

宮城県
チャイルドラインみやぎ
チャイルドラインの電話：0120-009614
やっている日：月～金よう16時～19時
問い合わせ先：022-279-7210

関東エリア

栃木県
チャイルドラインとちぎ

チャイルドラインの電話：
月よう028-614-3366　金よう0120-82-5654

やっている日：月・金よう15時～22時

問い合わせ先：028-614-3253

埼玉県
さいたまチャイルドライン

チャイルドラインの電話：048-486-8888

やっている日：月～木よう15時～21時
　　　　　　　日よう15時～18時

問い合わせ先：048-486-7171

東京都
せたがやチャイルドライン

チャイルドラインの電話：03-3412-4747

やっている日：　火～土よう16時～21時
　　　　　　　　（日祝休み）

問い合わせ先：　03-5712-5101（協会）

東京都
東京シューレチャイルドライン

チャイルドラインの電話：03-3350-6424

やっている日：木よう17時～21時

問い合わせ先：03-5993-3135

茨城県
チャイルドラインいばらき

チャイルドラインの電話：0297-63-0722

やっている日：金よう14時～21時

問い合わせ先：0297-62-8932

千葉県
チャイルドライン千葉・子ども電話

チャイルドラインの電話：
ちば043-204-1332　　のだ04-7123-4111

やっている日：
　　ちば：月～木よう14時～19時
　　　（ユース：土よう19時～21時）
　　のだ：金・土よう14時～19時

問い合わせ先：043-301-7262

東京都
中野子ども電話

チャイルドラインの電話：03-3229-2525

やっている日：土よう16時～21時

問い合わせ先：03-3384-5626

東京都
めぐろチャイルドライン

チャイルドラインの電話：03-5701-2520
　　　　　　　（ユース）03-5701-2519

やっている日：木よう17時～21時

問い合わせ先：03-3710-0486

関東エリア

東京都
えどがわチャイルドライン

チャイルドラインの電話：03-3674-6677

やっている日： 5日, 15日, 25日
　　　　　　　（8/15休み）　19時～22時

問い合わせ先： 03-3654-9188（FAX）

東京都
しながわチャイルドライン

チャイルドラインの電話：03-3494-8872

やっている日：金よう19時～22時

東京都
八王子チャイルドライン「コッコロ」

チャイルドラインの電話：042-644-2232

やっている日： 水よう18時～21時
　　　　　　　　土よう14時～17時

問い合わせ先：042-625-1765（TEL/FAX）

東京都
**チャイルドライン八王子
子どものでんわ★２１**

チャイルドラインの電話：042-620-5334

やっている日：日・月よう18時～21時

問い合わせ先： 042-623-4156（FAX）

東京都
チャイルドラインむさしの

チャイルドラインの電話：0422-52-5100

やっている日：月・火よう14時～20時

東京都
子どもの電話ゆう・YOU・友

チャイルドラインの電話：0422-32-7117

やっている日：月よう17時～21時

問い合わせ先：0422-34-0040

東京都
チャイルドラインたちかわ

チャイルドラインの電話：042-526-7622

やっている日：日よう13時～17時

問い合わせ先：080-5524-4601

東京都
とうきょうかわのてチャイルドライン

チャイルドラインの電話：03-5617-8383

やっている日：第２・第４金よう
　　　　　　　　18時～21時

問い合わせ先： 03-3634-4085（FAX）

神奈川県
よこはまチャイルドライン

チャイルドラインの電話：045-342-0777
　　　　　　　　　　　　0120-433-339

やっている日：月・木よう16時～21時

問い合わせ先：045-342-0255

神奈川県
かわさきチャイルドライン

チャイルドラインの電話：0120-874-262

やっている日： 水よう16時～22時
　　　　　　　　（祝祭を除く）

問い合わせ先： 080-1213-6774

中部エリア

山梨県
チャイルドラインやまなし

チャイルドラインの電話：055-243-3494

やっている日：日よう19時～22時

問い合わせ先：0551-23-5145

長野県
チャイルドラインながの

チャイルドラインの電話：026-269-8181

やっている日：月・木よう16時～21時

問い合わせ先：080-1244-6106

長野県
チャイルドラインすわ

チャイルドラインの電話：0266-54-3030

やっている日：火・金よう16時～21時

問い合わせ先：0266-58-3494

新潟県
チャイルドライン愛ネット

チャイルドラインの電話：0256-94-1414

やっている日：毎月10日16時～21時

問い合わせ先：0256-94-5444

新潟県
チャイルドラインにいがた

チャイルドラインの電話：025-224-5555

やっている日：水よう15時～21時

問い合わせ先：025-224-5556

石川県
チャイルドライン・いしかわ

チャイルドラインの電話　0120-873-506

やっている日：金・土よう16時～22時

問い合わせ先：076-240-0735

富山県
とやまチャイルドライン

チャイルドラインの電話：076-493-6655

やっている日：土よう15時～22時

問い合わせ先：076-431-0674

福井県
ふくいチャイルドライン

チャイルドラインの電話：0120-873-109
　　　　　　　　　　　0776-30-0913

やっている日：月よう16時～22時

問い合わせ先：0776-30-0911

中部エリア

岐阜県
チャイルドラインぎふ
チャイルドラインの電話：0583-71-9800

やっている日：金よう16時～21時

問い合わせ先：058-382-6050

愛知県
チャイルドラインあいち
チャイルドラインの電話：052-829-6511

やっている日：
　　月・火・金・土よう15時～21時

問い合わせ先：052-822-2801

愛知県
チャイルドライン　はーと
チャイルドラインの電話：0566-71-4810

やっている日：金・土よう18時～20時

問い合わせ先：0566-77-7085

三重県
チャイルドライン２４
チャイルドラインの電話：0120-969-147

やっている日：月よう16時～21時
　　　　　　　金よう14時～土よう14時
（第1・第3　18時半～21時はユース）

問い合わせ先：059-211-0024

長野県
チャイルドラインうえだ
チャイルドラインの電話：0268－29－8811

やっている日：毎週水よう16時～21時

問い合わせ先：090-3565-7086

関西エリア

滋賀県
しがチャイルドライン

チャイルドラインの電話：077-531-0015

やっている日：第1金よう・第3金よう
15時〜21時

問い合わせ先：077-537-5922

京都府
チャイルドライン京都・子ども電話

チャイルドラインの電話：075-594-8120

やっている日：月・木よう16時〜21時

問い合わせ先：075-365-1166

大阪府
チャイルドラインOSAKA

チャイルドラインの電話：06-6577-7070

やっている日：金よう16時〜21時

問い合わせ先：06-4708-7087

大阪府
チャイルドラインいずみ

チャイルドラインの電話：0725-470-470

やっている日：水よう15時〜20時半
（祝日を除く）

問い合わせ先：0725-43-3745

大阪府
チャイルドラインひがしおおさか 特設

問い合わせ先：090-8523-8211

大阪府
チャイルドラインとんだばやし

チャイルドラインの電話：0120-874-995

やっている日：月よう15時〜19時
第1・第3土よう14時〜17時

和歌山県
チャイルドラインわかやま

チャイルドラインの電話：073-421-8387
073-421-8386（ユース）

やっている日：第1金よう17時〜22時
第1土よう10時〜17時

問い合わせ先：073-432-3664

兵庫県
チャイルドライン神戸

チャイルドラインの電話：078-265-1555
0120-75-1133

やっている日：火・木・金・土よう
16時〜20時

問い合わせ先：078-367-7160

中国・四国エリア

鳥取県
チャイルドラインうさぎのみみ
チャイルドラインの電話：0120-7-26266
やっている日：水よう15時～19時
問い合わせ先：0858-22-1960

岡山県
チャイルドラインおかやま
チャイルドラインの電話：086-236-0735
やっている日：月・土よう15時～21時
問い合わせ先：086-233-1731

岡山県
チャイルドラインつやま
チャイルドラインの電話：0868-32-5001
やっている日：木よう15時～21時
問い合わせ先：0868-23-8891

広島県
ひろしまチャイルドライン
チャイルドラインの電話：0120-7-26266
やっている日：月・木・金・土よう
　　　　　　　15時～21時
問い合わせ先：082-272-5540

広島県
チャイルドラインびんご
チャイルドラインの電話：0120-927-874
　　　　　　　　　　　　084-922-5553
やっている日：第1・第3月よう15時～17時
　　　　　　　第2・第4土よう15時～19時
問い合わせ先：084-927-3155

島根県
チャイルドラインしまね
チャイルドラインの電話：0120-669-506
やっている日：土よう16時～21時
　　　　　　　第2・第4火よう16時～21時

山口県
チャイルドラインやまぐち
チャイルドラインの電話：083-972-2211
　　　　　　　　　　　　083-972-2213
やっている日：火・金よう15時～21時
問い合わせ先：083-973-8141

愛媛県
子ども電話「ひびき」
チャイルドラインの電話：0120-920-810
　　　　　　　　　　　　089-917-7797
やっている日：毎月5と0のつく日
　　　　　　　16時～22時
問い合わせ先：089-923-9558

九州・沖縄エリア

福岡県
チャイルドライン＠ふくおか

チャイルドラインの電話：
月よう028-614-3366　金よう0120-82-5654

やっている日：月・木よう18時半～20時半
土よう15時～18時

問い合わせ先：090-1199-8792

福岡県
チャイルドライン「もしもしキモチ」

チャイルドラインの電話：
水よう092-734-1600
第2火よう0120-160-884

やっている日：　水よう18時～23時
第2火よう18時～21時

問い合わせ先：092-734-1540

福岡県
チャイルドライン北九州

チャイルドラインの電話：093-964-8050

やっている日：月よう16時～19時

問い合わせ先：093-964-4152

福岡県
チャイルドライン「ともともクルメ」

チャイルドラインの電話：0942-32-3240

やっている日：第4金よう16時～20時

問い合わせ先：0942-32-3056

熊本県
おおづ子どもサポネット

チャイルドラインの電話：096-294-2229

やっている日：
木・金・土よう15時～18時

問い合わせ先：096-293-2418

宮崎県
チャイルドラインみやざき

チャイルドラインの電話：0120-084-057

やっている日：土よう、第一日よう
15時～21時

問い合わせ先：0985-83-2535

長崎県
チャイルドライン・ながさき

チャイルドラインの電話：095-832-7100

やっている日：月よう17時～20時
土よう14時～20時

問い合わせ先：095-828-0718

子どもの人権110番

〇児童・生徒の皆さんへ

　学校で友達から「いじめ」を受けて学校に行きたくない、でも先生や親には言えない…、誰に相談していいのか分からない…。もしもそんな苦しみを抱えていたら、一人で悩まずに私たちにお電話ください。法務局・地方法務局の職員、または人権擁護委員（子どもの人権専門委員）が、皆さんのお話を聞いて、どうしたらいいか一緒に考えたいと思います。相談は無料です。相談内容の秘密は守ります。

〇保護者の方へ

　「いじめ」や体罰、不登校や親による虐待といった、子どもをめぐる人権問題は周囲の目につきにくいところで生じていることが多く、また被害者である子ども自身も、その被害を外部に訴えるだけの力が未完成であったり、身近に適切に相談できる大人がいなかったりする場合が少なくありません。

　「子どもの人権110番」は、このような子どもの発する信号をいち早くキャッチし、その解決に導くための相談を受け付ける専用電話相談窓口です。相談は、全国の法務局・地方法務局において、人権擁護事務担当職員及び人権擁護委員（子どもの人権専門委員）がお受けします。相談料は無料、秘密厳守にて対応します。

〇電話番号	**0120-007-110**（ぜろぜろななのひゃくとおばん）
〇受付時間	（全国共通フリーダイヤル・無料） 平日午前8時30分から午後5時15分まで
〇ご注意下さい	IP電話からは接続できません。IP電話の方は次ページの電話番号をご利用下さい（通話料有料）

IP電話の方はこちらの電話番号をご利用下さい

「子どもの人権110番」(有料)電話番号一覧

(平成19年4月1日現在)

札幌管内	札幌法務局	011-728-0780
	函館地方法務局	0138-26-5686
	旭川地方法務局	0166-53-7838
	釧路地方法務局	0154-31-3110

仙台管内	仙台法務局	(人権擁護部)022-224-1200
		(塩釜支局)022-366-1200
		(古川支局)0229-22-1200
		(石巻支局)0225-94-1200
	福島地方法務局	024-536-1155
	山形地方法務局	023-634-9110
	盛岡地方法務局	019-626-2655
	秋田地方法務局	(人権擁護課)018-862-6533
		(本荘支局)0184-23-4266
	青森地方法務局	017-776-9113

東京管内	東京法務局	03-5689-0535
	横浜地方法務局	045-212-4365
	さいたま地方法務局	048-863-6194
	千葉地方法務局	043-247-9666
	水戸地方法務局	029-231-5500
	宇都宮地方法務局	028-627-3737
	前橋地方法務局	027-243-0760
	静岡地方法務局	054-254-3070
	甲府地方法務局	055-252-0110
	長野地方法務局	026-232-8110
	新潟地方法務局	025-229-0110

名古屋管内	名古屋法務局	052-952-8110
	津地方法務局	059-224-3535
	岐阜地方法務局	058-240-5510
	福井地方法務局	0776-26-9777
	金沢地方法務局	076-231-1190
	富山地方法務局	076-441-1161
大阪管内	大阪法務局	06-6942-1183
	京都地方法務局	075-231-2000
	神戸地方法務局	078-393-0118
	奈良地方法務局	0742-23-5734
	大津地方法務局	077-522-0110
	和歌山地方法務局	073-425-2704
広島管内	広島法務局	082-228-4710
	山口地方法務局	083-920-1234
	岡山地方法務局	086-224-5657
	鳥取地方法務局	0857-27-3751
	松江地方法務局	0852-26-7867

高松管内	高松法務局	087-821-6196
	徳島地方法務局	088-622-8110
	高知地方法務局	088-822-6505
	松山地方法務局	089-932-0877
福岡管内	福岡法務局	（人権擁護部）092-715-6112
		（北九州支局）093-561-3989
	佐賀地方法務局	0952-28-7110
	長崎地方法務局	095-827-7831
	大分地方法務局	097-532-0122
	熊本地方法務局	096-364-0415
	鹿児島地方法務局	099-259-7830
	宮崎地方法務局	0985-20-8747
	那覇地方法務局	098-853-4460

全国いのちの電話一覧表

いのちの電話は、誰にも相談することができず、ひとりで悩んでいるひとのための24時間眠らぬダイヤルです。名前を言う必要はありません。

日本いのちの電話連盟事務局
(03) 3263-6165

※上記電話番号は事務受付専用です。ご相談電話は下記の各センターまでお願いいたします。

http://www.find-j.jp

いのちの電話は、たくさんの方から電話がかかるのでつながりにくくなる場合があります。何度かダイヤルして下さるようお願い致します。

【2007年2月現在】

センター名	相談時間	相談電話番号	聴覚・言語障害者専用ファクシミリ相談番号
旭川 いのちの電話	24時間	(0166)23-4343	
北海道 いのちの電話	24時間	(011)231-4343	(011) 219-3144
あおもりいのちの電話	12:00～21:00	(0172)33-7830	
秋田 いのちの電話	日曜日を除く 12:00～21:00	(018)865-4343	
盛岡 いのちの電話	12:00～21:00 (日)12:00～18:00	(019)654-7575	
仙台 いのちの電話	24時間	(022) 718-4343	

山形 いのちの電話	13:00〜22:00	(023)645-4343	
福島 いのちの電話	10:00〜22:00	(024)536-4343	

新潟 いのちの電話	24時間	(025)288-4343	
長野 いのちの電話	11:00〜22:00	(026)223-4343	
〃 松本	11:00〜22:00	(0263)29-1414	
栃木 いのちの電話	月〜木 7:00〜21:00 金〜日 24時間	(028)643-7830	
足利 いのちの電話	15:00〜21:00	(0284)44-0783	
群馬 いのちの電話	9:00〜21:30 第2金 24時間	(027)221-0783	
茨城 いのちの電話	24時間	(029)855-1000	
〃 水戸	13:00〜20:00	(029)255-1000	
千葉 いのちの電話	24時間	(043)227-3900	
埼玉 いのちの電話	24時間	(048)645-4343	
〃 川越	24時間	(048)645-4343	

東京 いのちの電話	24時間	(03) 3264-4343 _{間違い電話が多くなっています。番号をお確かめ下さい。}	(03) 3264-8899
東京英語いのちの電話	9:00〜23:00	(03)5774-0992	
東京多摩 いのちの電話	10:00〜21:00	(042)327-4343	
川崎 いのちの電話	24時間	(044)733-4343	
横浜 いのちの電話	24時間	(045)335-4343	(045)332-5673
〃　ポルトガル語	水 10:00〜21:00 土 12:00〜21:00	(045)336-2488	
〃　スペイン語	水 10:00〜14:00 　　19:00〜21:00 木・金 10:00〜14:00 土 12:00〜21:00	(045)336-2477	
静岡 いのちの電話	月〜金 15:00〜21:00	(054)272-4343	
岐阜 いのちの電話	日曜 16:00〜22:00 月〜土 19:00〜22:00	(053)473-6222	
山梨いのちの電話	16:00〜22:00	(055)221-4343	
浜松 いのちの電話	日〜火 10:00〜21:00 水〜土 10:00〜24:00	(053)473-6222	
名古屋 いのちの電話	24時間	(052)971-4343	

京都 いのちの電話	24時間	(075)864-4343	
奈良 いのちの電話協会	24時間	(0742)35-1000	(0742)35-0010
和歌山 いのちの電話	10:00〜22:00	(073)424-5000	
関西 いのちの電話	24時間	(06)6309-1121	
神戸 いのちの電話	月〜金 8:30〜20:30 土曜 8:30〜翌16:30 祝日 9:30〜16:30	(078)371-4343	
三重 いのちの電話	18:00〜23:00	(059)221-2525	
はりまいのちの電話	14:00〜1:00	(0792)22-4343	

岡山 いのちの電話	24時間	(086)245-4343	
広島 いのちの電話	24時間	(082)221-4343	
島根 いのちの電話	9:00〜22:00 土 24時間	(0852)26-7575	
鳥取 いのちの電話	12:00〜21:00	(0857)21-4343	
香川 いのちの電話	24時間	(087)833-7830	(087)861-4343

徳島 いのちの電話	9:30〜24:00	(088)623-0444	(088)623-9141
〃 県西支部	9:30〜24:00	(0883)52-4440	
愛媛 いのちの電話	月始10日間 12:00〜翌朝6:00 他 12:00〜22:00	(089)958-1111	
和歌山 いのちの電話	10:00〜22:00	(073)424-5000	
高知 いのちの電話	9:00〜21:00	(088)824-6300	

北九州 いのちの電話	24時間	(093)671-4343	
福岡 いのちの電話	24時間	(092)741-4343	(092)721-4343
熊本 いのちの電話	24時間	(096)353-4343	
佐賀 いのちの電話	24時間	(0952)34-4343	
長崎 いのちの電話	9:00〜22:00	(095)842-4343	
大分 いのちの電話	24時間	(097)536-4343	
鹿児島 いのちの電話	24時間	(099)250-7000	
沖縄 いのちの電話	10:00〜23:00	(098)868-8016	

少年相談ヤングテレホンコーナー

　心身ともに未成熟な少年・少女が犯罪、いじめ、児童虐待等の被害に遭った場合、それによって受ける精神的ダメージは大人に比べて非常に大きく、心の傷は根の深いものとなりがちです。

　また、被害によるダメージにより、非行や問題行動に走ったり、最悪の場合は自殺に追い込まれるなど、その健全な育成を害されている場合が多くあります。

　警察では、こうした少年の特性に配意しながら、犯罪等により被害を受けた少年（被害少年）の精神的ダメージを軽減し、その立ち直りを支援する活動を推進しています。

北海道	少年相談110番	0120-677-110
青森県	ヤングテレホン	0120-58-7867
	ヤングメール	youngmail-587867@extra.ocn.ne.jp
岩手県	ヤングテレホンコーナー	019-651-7867
	ほほえみセンター	ip-support@iwate-kenkei.morioka.iwate.jp
宮城県	少年相談電話	022-222-4970
秋田県	やまびこ電話	018-824-1212
山形県	ヤングテレホン	023-642-1777
福島県	ヤングテレホンコーナー	024-536-4141
警視庁	ヤングテレホンコーナー	03-3580-4970
	少年相談受付	警視庁ホームページ内
茨城県	少年相談コーナー	029-301-0900
		keishonen@pref.ibaraki.lg.jp

栃木県	ヤングテレホン	0120-87-4152
群馬県	少年育成センター	027-254-3741
埼玉県	ヤングテレホンコーナー	048-861-1152
	ヤングメール	県警ホームページ内
千葉県	ヤング・テレホン	0120-783-4970
神奈川県	ユーステレホンコーナー	045-641-0045
	少年相談受付	県警ホームページ内
新潟県	新潟少年サポートセンター	025-285-4970
山梨県	ヤングテレホン甲府	055-235-4444
長野県	ヤングテレホン	026-232-4970
静岡県	少年サポートセンター 少年相談専用	0120-783-410
		sizuoka.sc.783410@docomo.ne.jp
富山県	ヤングテレホン	0120-873-415
	少年相談コーナー	young110@gaea.ocn.ne.jp
石川県	ヤングテレホン	0120-497-556
	メールアドレス	syounen@pref.ishikawa.jp
福井県	ヤング・テレホン	0120-783-214
岐阜県	ヤングテレホンコーナー	0120-783-800
愛知県	ヤングテレホン	052-951-7867
	ヤングテレホンE-メール	syounen-support@police.pref.aichi.lg.jp
三重県	少年相談110番	0120-41-7867
滋賀県	少年相談電話	077-516-2255
京都府	ヤングテレホン	075-841-7500
	メール相談	府警ホームページ内
大阪府	グリーンライン	06-6772-7867

都道府県	名称	連絡先
兵庫県	ヤングトーク	0120-786-109
奈良県	ヤング・いじめ110番	0742-22-0110
和歌山県	ヤングテレホンいじめ110番	073-425-7867 kodomo@police.wakayama.wakayama.jp
鳥取県	ヤングテレホン	0857-29-0808
鳥取県	ヤングメール	youngmail@pref.tottori.jp
島根県	ヤングテレホン	0120-786-719
岡山県	ヤングテレホン・いじめ110番	086-231-3741
岡山県	ヤングメール	youngmail@pref.okayama.jp
広島県	ヤングテレホン	082-228-3993
広島県	ヤングメール	県警ホームページ内
山口県	ヤングテレホンやまぐち	0120-49-5150
徳島県	ヤングテレホン	088-625-8900
香川県	少年相談電話	087-837-4970
香川県	少年メール相談	k.p.syonen@pref.kagawa.lg.jp
愛媛県	第二110番	0120-31-9110
高知県	ヤングテレホン	088-822-0809
福岡県	ハートケア福岡	092-841-7830
佐賀県	ヤングテレホン	0120-29-7867
長崎県	ヤングテレホン	0120-78-6714
熊本県	肥後っ子テレホン	0120-02-4976
熊本県	肥後っ子サポートセンターホームページ	higokko@higokko-support.kumamoto.kumamoto.jp
大分県	ヤングテレホン	097-532-3741
大分県	大分っ子フレンドリーサポートセンター	s65300@pref.oita.jp
宮崎県	ヤングテレホン	0985-23-7867
鹿児島県	ヤングテレホン	099-252-7867
沖縄県	ヤングテレホンコーナー	0120-276-556

～ 電話番号の取り扱いについて ～

掲載されている相談ダイヤルの電話番号は、地域により０１２０から始まるフリーダイヤルを採用しているところがありますが、他の地域からだとかかりませんので、あなたの住んでいる地域のフリーダイヤルにかけてください。また、全国統一電話番号も含めて、携帯電話、ＰＨＳ、ＩＰ電話からはつながらない場合がありますので、その場合は一般電話からかけるか、問い合わせ先があれば、そこにかけて確認してください。

～ 電話番号および相談時間などの変更について ～

掲載されている相談ダイヤルの電話番号、相談時間などについては、都合により予告なしに変更される場合がありますので、電話がかからなかった時は、問い合わせ先か、事務局の案内があればそこへ、無い場合は他の地域のダイヤルにて、確認してください。

◎ 著者紹介 ◎

文　　　　高橋正一（たかはし　しょういち）

１９５０年　福島県　生まれ。
２００６年、会社を退いた後、モル・デザイン設立（法人化準備中）。
いじめ問題に心を痛め調査研究。結論として今、子ども達に必要なのは、どの子どもにも徳育を徹底することであり、特に思いやりの心を様々な場面を通して具体的によく理解してもらうことで、人の痛みが分かる本当に心の優しい子どもが育つということから処女作として執筆出版に至る。

絵　　　　高橋良子（たかはし　りょうこ）

京都精華大学卒業　マンガ専攻。
譲芳中学校で美術を２年間教え、えほん作家に転向。
dip 企画３人展２回、テレビ・ラジオ・新聞で紹介される。えほん作家を目指して現在、高校の美術とデザイン専門学校の教鞭をとりながら制作完了した処女作『えりまき』出版準備中。

「思いやりの心で育むすてきな友情 〜はるると夢じぞうの笑顔の約束」

平成19年8月30日初版発行
著者名　　高橋正一
発行者　　増本利博
発行所　　明窓出版株式会社
　　　　　〒164-0012　東京都中野区本町6-27-13
　　　　　電話　03（3380）8303　FAX　03（3380）6424
　　　　　振替　00160-1-192766
印刷所　　株式会社ナポ

落丁・乱丁はお取り替えいたします。
定価はカバーに表示してあります。
2007　©Shoichi Takahashi　Printed in Japan